Schule - duɗal	2
Reise - ɗannaade	5
Transport - yangarta	8
Stadt - wuro	10
Landschaft - satto	14
Restaurant - restoraaŋ	17
Supermarkt - duggere	20
Getränke - njarameeje	22
Essen - ñamri	23
Bauernhof - ngesa	27
Haus - galle	31
Wohnzimmer - saal	33
Küche - waañ	35
Badezimmer - lootorde	38
Kinderzimmer - suudu suka	42
Kleidung - ɓoornogol	44
Büro - gollorde	49
Wirtschaft - faggudu	51
Berufe - golle	53
Werkzeuge - kuutorɗe	56
Musikinstrumente - pijirɗe	57
Zoo - nehirde kulle	59
Sport - cofte ɓalli	62
Aktivitäten - golle	63
Familie - ɓesngu	67
Körper - ɓandu	68
Spital - safrirdu	72
Notfall - heñorde	76
Erde - Leydi	77
Uhr - waktu	79
Woche - yontere	80
Jahr - hitaande	81
Formen - ɓalli	83
Farben - sifaaji	84
Gegenteile - ceeri	85
Zahlen - pinɗe	88
Sprachen - ɗemɗe	90
wer / was / wie - holoon / holɗuum / holnoon	91
wo - holtoon	92

Impressum
Verlag: BABADADA GmbH, Nedderfeld 112 , 22529 Hamburg
Geschäftsführer / Verlagsleitung: Harald Hof
Druck: Books on Demand GmbH, In de Tarpen 42, 22848 Norderstedt

Imprint
Publisher: BABADADA GmbH, Nedderfeld 112 , 22529 Hamburg, Germany
Managing Director / Publishing direction: Harald Hof
Print: Books on Demand GmbH, In de Tarpen 42, 22848 Norderstedt, Germany

Schule
duɗal

dividieren
feccu

186/2

Tafel
alluwal

Klassenzimmer
jangirdu

Schulhof
dingiral duɗal

Lehrer
ceerno

Papier
kaayit

schreiben
windu

Stift
bindirgal

Schreibtisch
biro

Lineal
pondirgal

Buch
deftere

Schüler
almuuɗo

Schultasche
sakosel

Federmappe
suudu kuɗol

Bleistift
kuɗol

Bleistiftspitzer
ceeɓnoowo kuɗol

Radierer
momtirgal

Zeichenblock
nokku diidirɗo

Schule - duɗal

Zeichnung
diidgol

Pinsel
diidirgal

Malkasten
suudu diidordu

Schere
sisooje

Klebstoff
kol

Übungsheft
deftere softinorde

Hausübung
coftinogol

Zahl
tongoode

addieren
beydu

subtrahieren
ustu

multiplizieren
hebbin

rechnen
lim

Buchstabe
bataake

Alphabet
hijju

Wort
kongol

Schule - dudal

Text	lesen	Kreide
windande	jangu	bindirgal

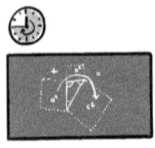  

Unterrichtsstunde	Klassenbuch	Prüfung
darsu	windaade	ẏeewtogol

Zeugnis	Schuluniform	Ausbildung
ijaazi	wutte janirɗo	jaŋde

Lexikon	Universität	Mikroskop
ɗowitorde mawnde	jaabi haatirde	mokoroskop

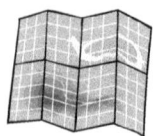 

Karte	Papierkorb
wertaango	siwo mbalis

Schule - duɗal

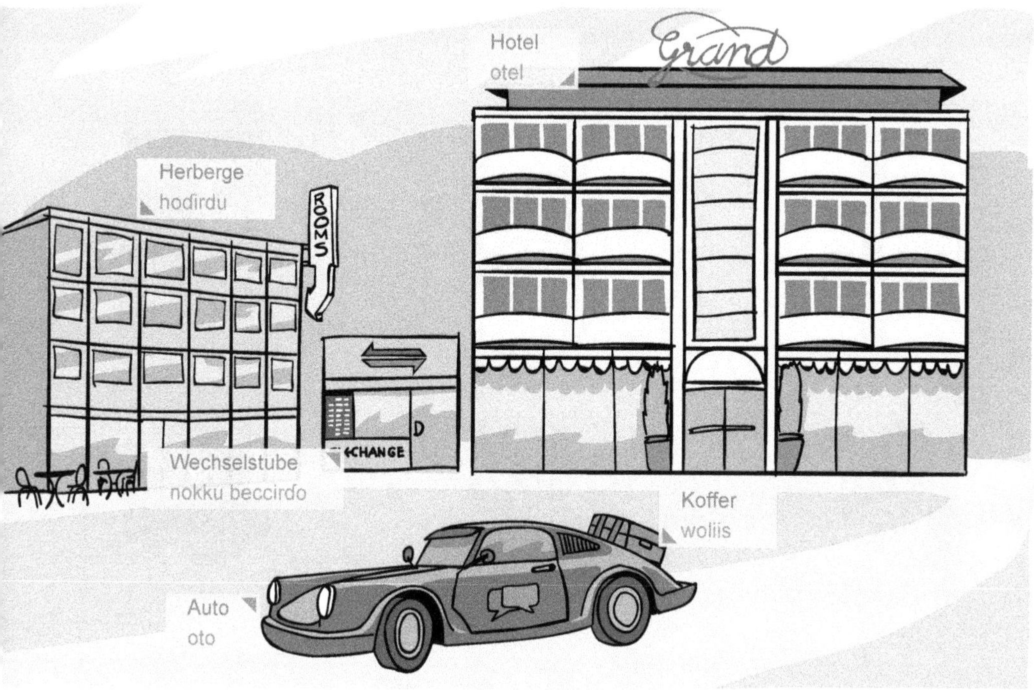

Reise
dannaade

Hotel — otel
Herberge — hodirdu
Wechselstube — nokku beccirdo
Koffer — woliis
Auto — oto

Sprache
demngal

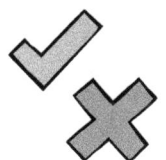

ja / nein
ey / ala

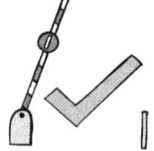

Okay
Eyyo

Hallo
mbadda

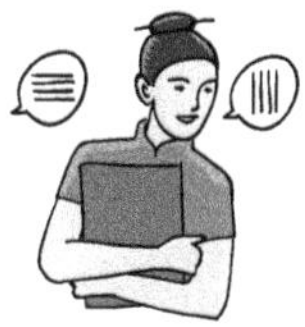

Dolmetscherin
pirtoowo

Danke
jaraama

Wie viel kostet …?
hono foti…?

Ich verstehe nicht.
mi faamaani

Problem
satteende

Guten Abend!
jam hiiri

Guten Morgen!
jam waali

Gute Nacht!
jam waal

Auf Wiederschaun!
baay baay

Richtung
ngardiindi

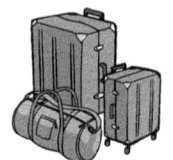
Gepäck
kaake

Tasche
saak

Rucksack
saak bakke

Gast
kodo

Zimmer
suudu

Schlafsack
saak daanordo

Zelt
taanta

Reise - dannaade

Touristeninformation

kabaaru jillotoodo

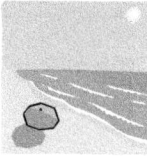

Strand

palaaz

Kreditkarte

kartal keredii

Frühstück

kasitaari

Mittagessen

bottaari

Abendessen

hiraande

Fahrkarte

tikkett

Lift

suutde

Briefmarke

tembere

Grenze

keerol

Zoll

soodoobe

Botschaft

ambasaat

Visum

wiisa

Pass

paaspoor

Reise - dannaade

Transport
yangarta

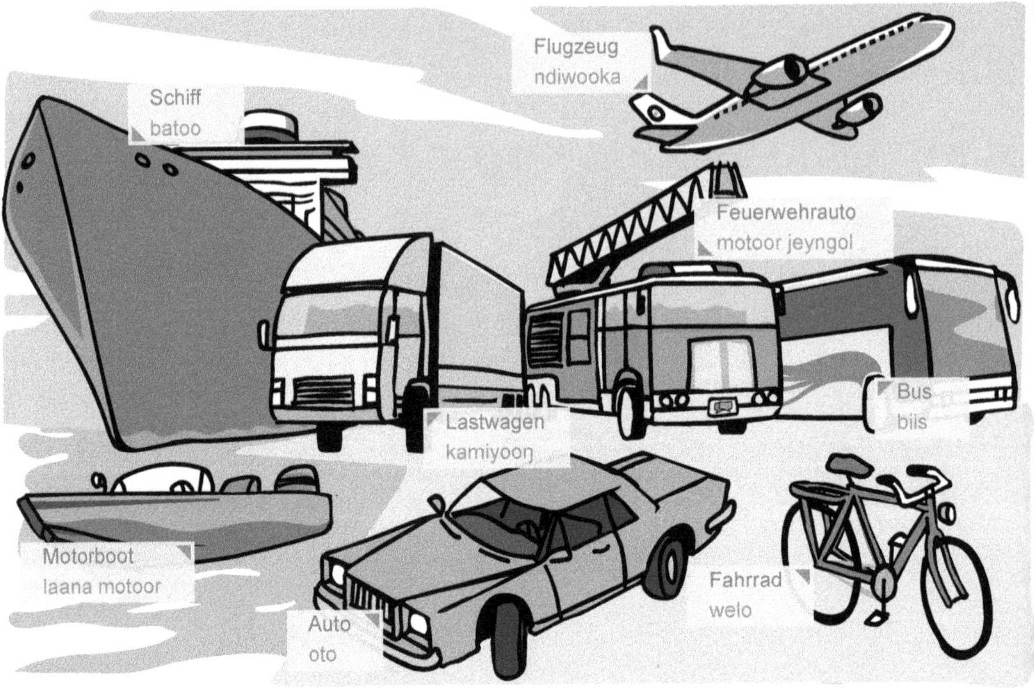

Flugzeug
ndiwooka

Schiff
batoo

Feuerwehrauto
motoor jeyngol

Bus
biis

Lastwagen
kamiyoŋ

Motorboot
laana motoor

Fahrrad
welo

Auto
oto

Fähre

baak

Boot

laana

Motorrad

welo motoor

Polizeiauto

oto poliis

Rennauto

oto dandu

Mietwagen

otoluwaado

Carsharing

rendude oto

Abschleppwagen

leŋge

Müllwagen

kamiyooŋ salo

Motor

moto

Kraftstoff

gaas

Tankstelle

esaaseer

Verkehrsschild

maantorde tali

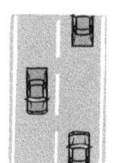

Verkehr

tali

Stau

ɓittugol tali

Parkplatz

darnirde oto

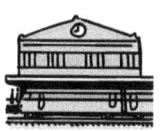

Bahnhof

dartorde teree

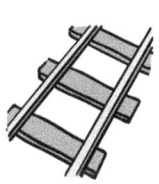

Schienen

laabi

Zug

teree

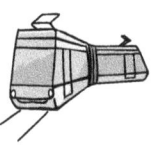

Straßenbahn

taraam

Wagon

nawgol

Transport - yangarta

Hubschrauber

elikooteer

Flughafen

aydapoor

Tower

hubeere

Passagier

jahoowo

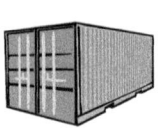

Container

kontaneer

Karton

kees

Rollwagen

saret

Korb

siwo

starten / landen

diw / tello

Stadt
wuro

Dorf

saare

Stadtzentrum

hakkunde wuro

Haus

galle

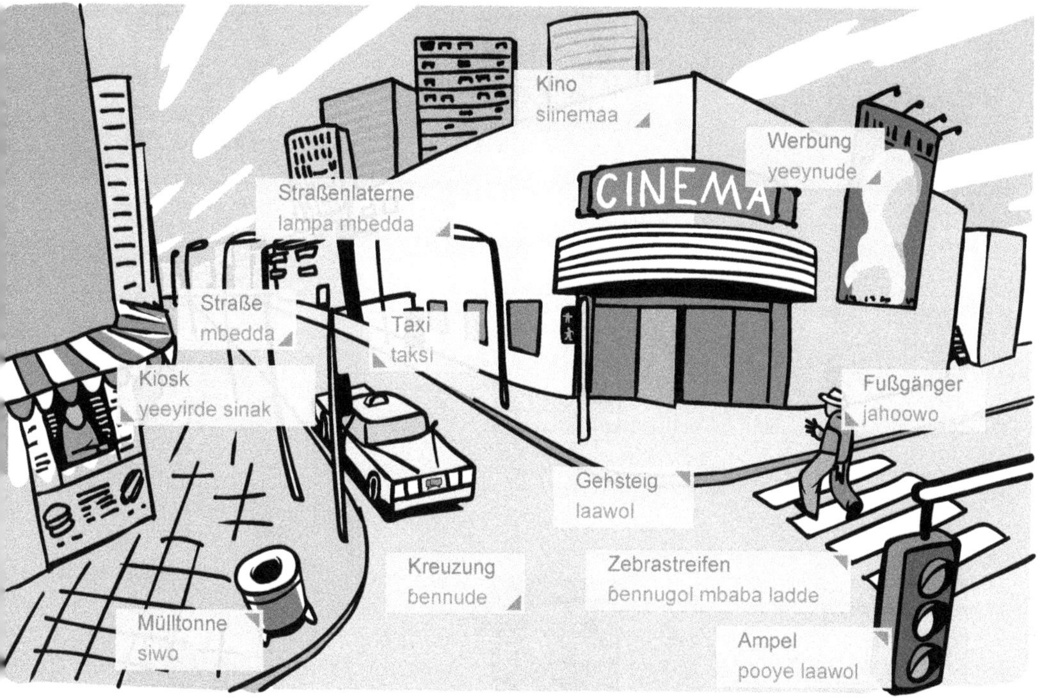

Kino
siinemaa

Werbung
yeeynude

Straßenlaterne
lampa mbedda

Straße
mbedda

Taxi
taksi

Kiosk
yeeyirde sinak

Fußgänger
jahoowo

Gehsteig
laawol

Kreuzung
bennude

Zebrastreifen
bennugol mbaba ladde

Mülltonne
siwo

Ampel
pooye laawol

Hütte
tiba

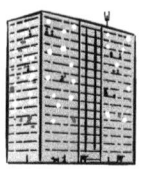

Wohnung
hoɗorde

Bahnhof
dartorde teree

Rathaus
meeri

Museum
miise

Schule
duɗal

Stadt - wuro

Universität
jaaɓi haatirde

Bank
banke

Spital
safrirdu

Hotel
otel

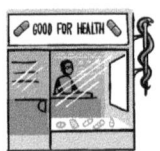
Apotheke
farmasii

Büro
gollorde

Buchhandlung
yeeyirde defte

Geschäft
yeeyirde

Blumenladen
mo nehoowo ledɗe

Supermarkt
duggere

Markt
jeere

Kaufhaus
yeeyirde diiwaan

Fischhändler
mo gawoowo

Einkaufszentrum
nokku njeeygu

Hafen
telloorde

Stadt - wuro

Park parka	Bank joodorde	Brücke pooŋ
		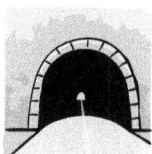
Stiege ŋabbirɗe	U-Bahn les leydi	Tunnel laawol les
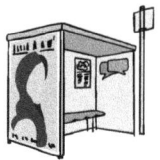		
Bushaltestelle dartorde biis	Bar baar	Restaurant restoraaŋ

Briefkasten suudu posto	Straßenschild maantorde mbedda	Parkuhr meetorde parka
	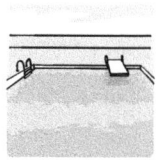	
Zoo nehirde kulle	Badeanstalt pisiin	Moschee jumaa

Stadt - wuro

Bauernhof
ngesa

Umweltverschmutzung
bonande

Friedhof
genaale

Kirche
ekiliis

Spielplatz
dingiral

Tempel
tempele

Landschaft
satto

Blatt — ɗerewol
Wegweiser — maantogal
Weg — laawol
Wiese — paraad
Stein — haayre
Baum — lekki
Wanderer — diwoowo
Fluss — caangol
Gras — hudo
Blume — baramlefol

Landschaft - satto

Tal
fongo

Hügel
tiwaande

See
weendu

Wald
dundu

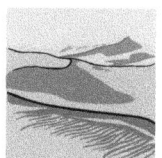
Wüste
ladde

Vulkan
wolkaaŋ

Schloss
hoɗorde

Regenbogen
timtimol

Pilz
wiiduru gaynaako

Palme
lekki koko

Moskito
bongu

Fliege
diw

Ameise
ñuuñu

Biene
ñaaku

Spinne
njabala

Landschaft - satto

Käfer

karaab

Frosch

paaba

Eichhörnchen

jiire

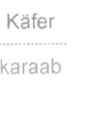

Igel

nguru paaba

Hase

wojere

Eule

hooweere

Vogel

ndiwri

Schwan

kankaleewal

Wildschwein

fowru

Hirsch

lella

Elch

kooba

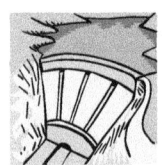

Staudamm

baaraas

Windrad

seɗa hendu

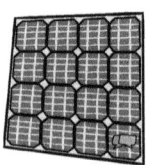

Solarmodul

mbeɗu naange

Klima

kilimaaŋ

Landschaft - satto

Restaurant
restoraaŋ

- Kellner — carwoowo
- Speisekarte — ndefu
- Sessel — joodorde
- Suppe — suppu
- Pizza — pissaa
- Besteck — wutayel
- Tischdecke — nappu

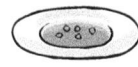

Vorspeise
puddordo

Hauptgericht
barme mawdo

Nachspeise
deseer

Getränke
njarameeje

Essen
ñamri

Flasche
bitel

Fastfood
fastfuut

Streetfood
ñaamde mbedda

Teekanne
pot ataaya

Zuckerdose
taasa suukara

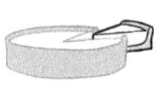

Portion
geɗal

Espressomaschine
masiŋ esperesoo

Kinderstuhl
jooɗorde toownde

Rechnung
faktiir

Tablett
terey

Messer
paaka

Gabel
fursett

Löffel
kuddu

Teelöffel
kuddu ataaya

Serviette
torsooŋ

Glas
weer

Restaurant - restoraaŋ

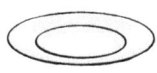
Teller
palaat

Suppenteller
palaat suppu

Untertasse
coosoowo

Sauce
soos

Salzstreuer
pot lamdam

Pfeffermühle
poobaar

Essig
wineegar

Öl
diwliin

Gewürze
kaaniije

Ketchup
ketsoop

Senf
mutaarde

Mayonnaise
maynees

Restaurant - restoraaŋ

Supermarkt
duggere

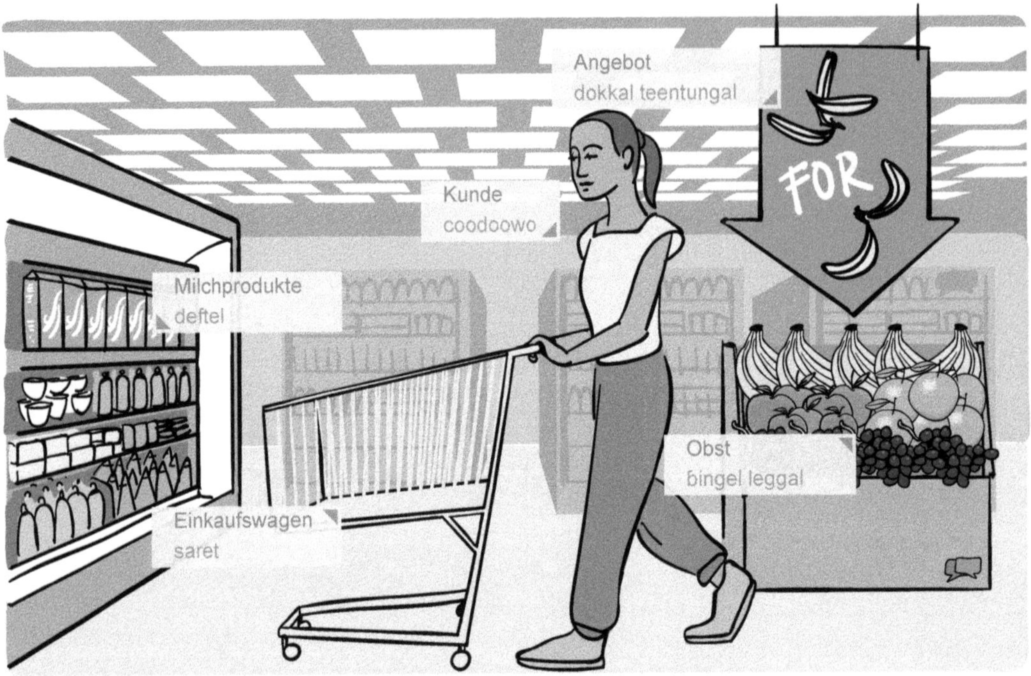

Angebot
dokkal teentungal
FOR
Kunde
coodoowo
Milchprodukte
deftel
Obst
ɓingel leggal
Einkaufswagen
saret

BUTCHERS

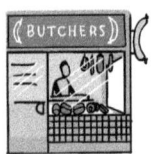

Schlachterei

mo jeeyoowo teewu

BAKERY

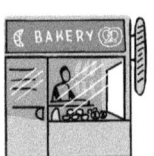

Bäckerei

mo piyoowo mburu

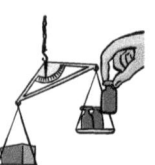

wiegen

ɓett

Gemüse

ɓiɓe leɗɗe

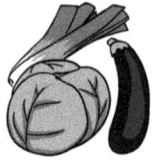

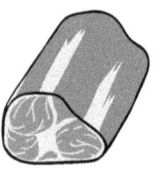

Fleisch

teewu

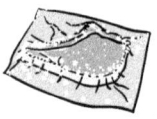

Tiefkühlkost

ñamri fendiindi

Aufschnitt	Konserven	Waschmittel
teewu buuɓngu	ñamri	omo

Süßigkeiten	Haushaltsartikel	Reinigungsmittel
tangaleeji	geɗe galle	geɗe labbinooje

Verkäuferin	Kassa	Kassiererin
jeeyoowo	hippoode	ngaluyanke

Einkaufsliste	Öffnungszeiten	Brieftasche
limo soodetee	waktuuji gudditeeɗi	kalbe
		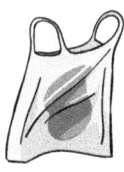
Kreditkarte	Tasche	Plastiktüte
kartal keredii	saak	saak dalli

Supermarkt - duggere

Getränke
njarameeje

Wasser
ndiyam

Saft
sii

Milch
kosam

Cola
Koowk

Wein
sangara

Bier
sangara

Alkohol
alkol

Kakao
koka

Tee
ataaya

Kaffee
kafe

Espresso
esperesoo

Cappuccino
kaputsiino

Essen
ñamri

Banane
banaana

Apfel
pomere

Orange
oraaŋs

Melone
dende

Zitrone
limoŋ

Karotte
karott

Knoblauch
laac

Bambus
bambuu

Zwiebel
soblere

Pilz
wiiduru gaynako

Nüsse
gerte

Nudeln
kodde

Spaghetti	Reis	Salat
espaketii	maaro	solaat

Pommes frites	Bratkartoffeln	Pizza
sipse	padaas pasnaado	pissaa

Hamburger	Sandwich	Schnitzel
amburgoor	sandiis	tayre

Schinken	Salami	Wurst
heltinde	salaami	soosiis

Huhn	Braten	Fisch
gertogal	jude	liingu

Essen - ñamri

Haferflocken
karaw

Müsli
miyesli

Cornflakes
butaali makka

Mehl
cafka

Croissant
koraasaŋ

Semmel
loocol mburu

Brot
mburu

Toast
mburu

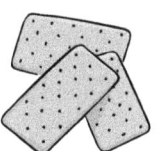

Kekse
mbiskit

Butter
boor

Topfen
caakri

Kuchen
ngato

Ei
boofoode

Spiegelei
bofoode defaaɗo

Käse
formaas

Essen - ñamri

Eiscreme	Zucker	Honig
kerem galaas	suukara	njuumri

Marmelade	Schokoladenaufstrich	Curry
piire	soosde sokola	kiri

Essen - ñamri

Bauernhof
ngesa

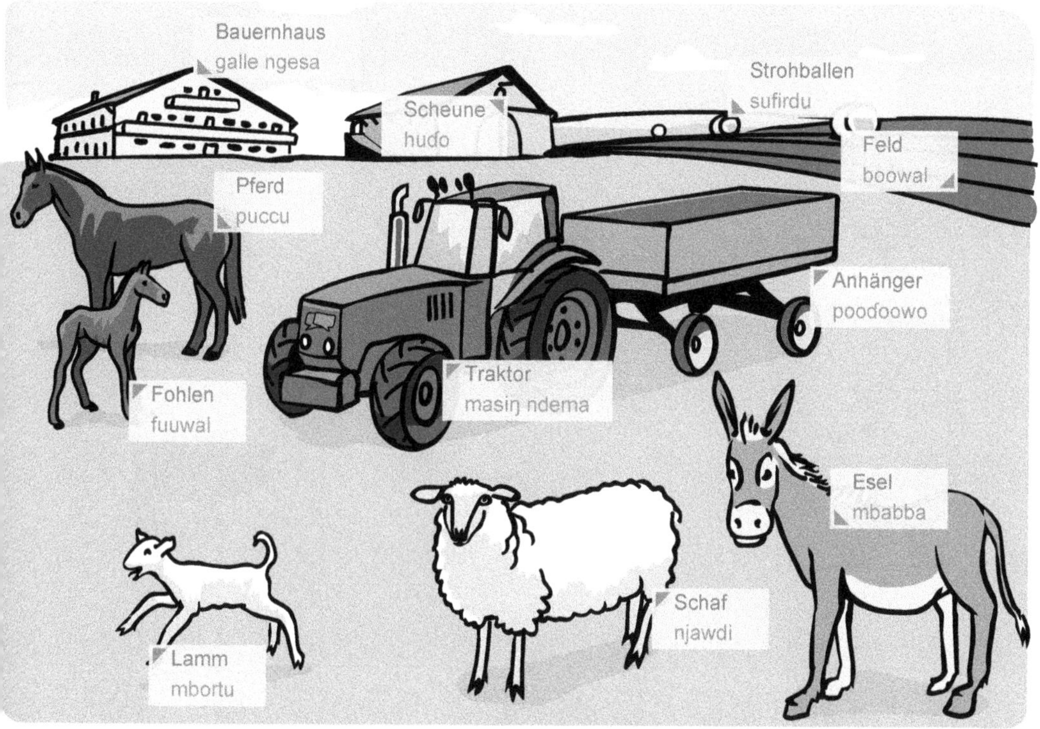

- Bauernhaus — galle ngesa
- Scheune — huɗo
- Strohballen — sufirdu
- Pferd — puccu
- Feld — boowal
- Anhänger — pooɗoowo
- Fohlen — fuuwal
- Traktor — masiŋ ndema
- Esel — mbabba
- Lamm — mbortu
- Schaf — njawdi

Ziege
ndamndi

Kuh
ngaari

Kalb
ñale

Schwein
mbaba tugal

Ferkel
bingel tugal

Stier
ngaari

Gans
jaawalal

Ente
jaawangal

Küken
gertogal

Huhn
jarlal

Hahn
ngori

Ratte
doombru

Katze
ulluundu

Maus
dombru

Ochse
ngaari

Hund
rawaandu

Hundehütte
suudu rawaandu

Gartenschlauch
lekki werte

Gießkanne
bitel ndiyam

Sense
jalo

Pflug
jabbude

Bauernhof - ngesa

Sichel
wafdu

Hacke
caga

Mistgabel
furset yettirɗo

Axt
jambere

Schubkarre
burwett

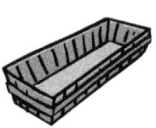

Trog
jardugal

Milchkanne
bitel kosam

Sack
bonnude

Zaun
heerorde

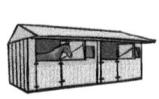

Stall
dari

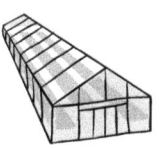

Treibhaus
resofmaaŋ

Boden
leydi

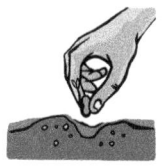

Saat
aawdi

Dünger
engere

Mähdrescher
rendin coñoowo

ernten
soñ

Ernte
coñal

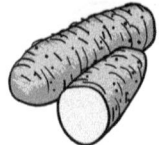
Yamswurzel
ñambi

Weizen
ndiyamiri

Soja
soozaa

Erdapfel
padaas

Mais
makka

Raps
aawdi adan

Obstbaum
lekki ɓesnooki

Maniok
kasaawa

Getreide
gawri

Bauernhof - ngesa

Haus
galle

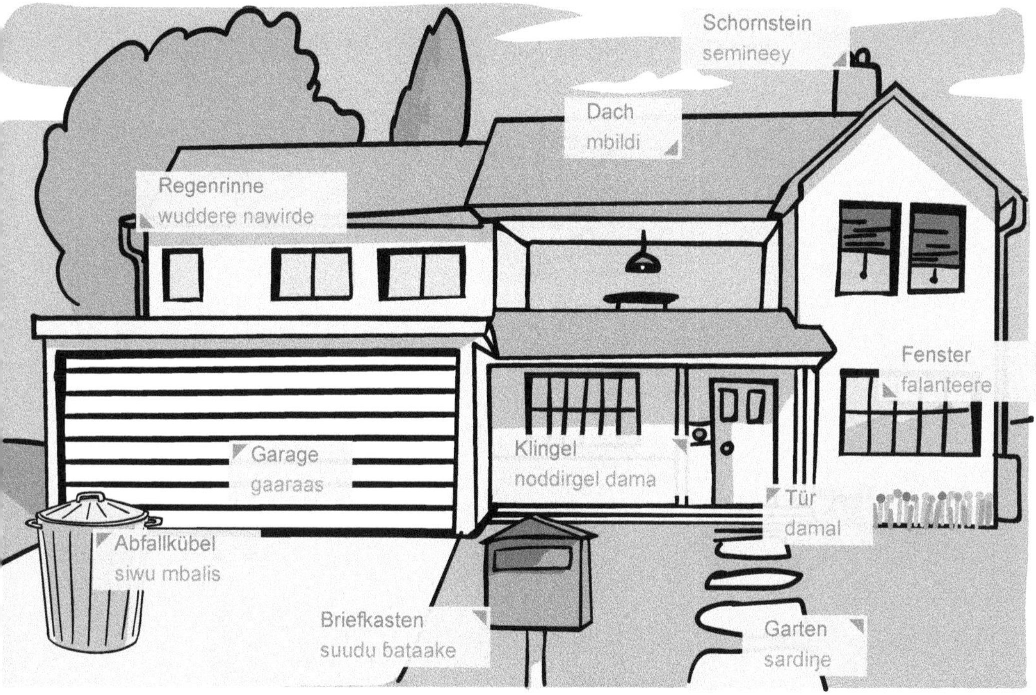

Schornstein — semineey
Dach — mbildi
Regenrinne — wuddere nawirde
Fenster — falanteere
Garage — gaaraas
Klingel — noddirgel dama
Tür — damal
Abfallkübel — siwu mbalis
Briefkasten — suudu bataake
Garten — sardiŋe

Wohnzimmer
saal

Badezimmer
lootorde

Küche
waañ

Schlafzimmer
suudu lelteendu

Kinderzimmer
suudu suka

Esszimmer
suudu hirtordu

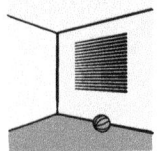
Boden
leydi

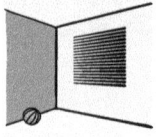
Wand
miir

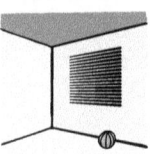
Decke
dira

Keller
masiŋel

Sauna
soona

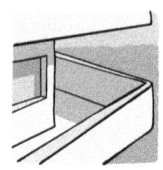
Balkon
balkooŋ

Terrasse
teeraas

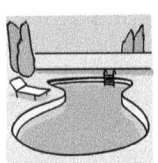
Schwimmbad
pisin

Rasenmäher
tondoos

Bettbezug
kaayit

Bettdecke
mbertanteeri

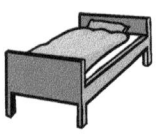
Bett
leInde

Besen
pittirɗe

Kübel
siwoo

Schalter
waylu

Haus - galle

Wohnzimmer
saal

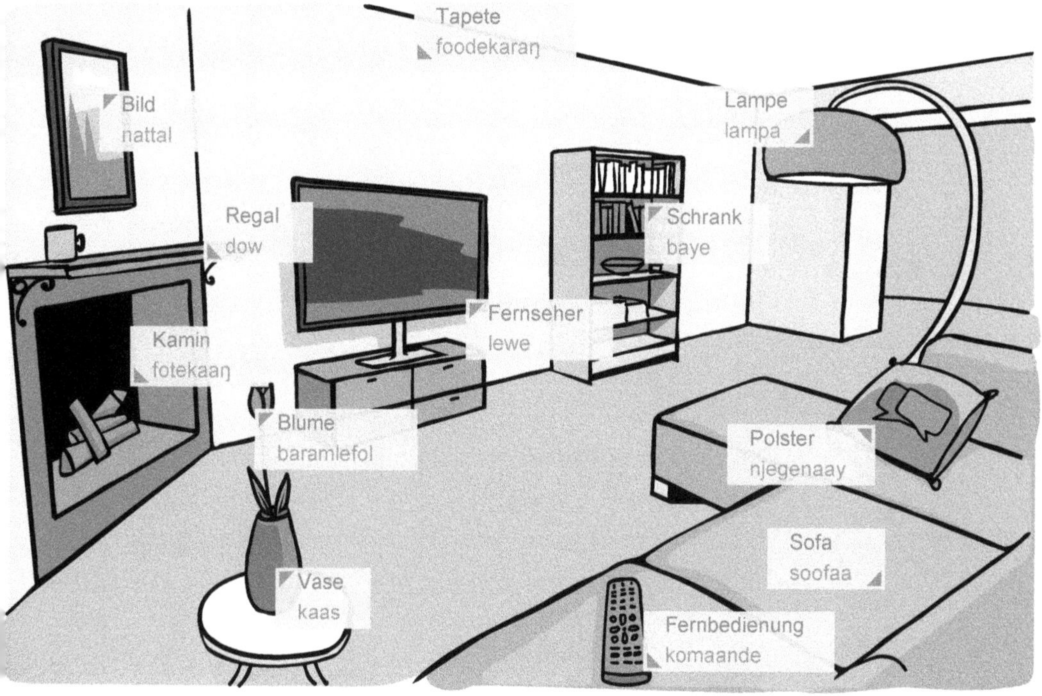

- Tapete — foodekaraŋ
- Bild — nattal
- Lampe — lampa
- Regal — dow
- Schrank — baye
- Kamin — fotekaaŋ
- Fernseher — lewe
- Blume — baramlefol
- Polster — njegenaay
- Vase — kaas
- Sofa — soofaa
- Fernbedienung — komaande

Teppich
tappi

Vorhang
rido

Tisch
taabal

Sessel
joodorde

Schaukelstuhl
joodorde timmunde

Sessel
tuggorde

Buch
deftere

Decke
suddaare

Dekoration
cinki

Feuerholz
docotal

Film
filmo

Stereoanlage
kuutorde hi-fi

Schlüssel
caabi

Zeitung
jaaynde

Gemälde
pentiirde

Poster
posteer

Radio
haalirde

Notizblock
deftel mooftirgel

Staubsauger
ŋabbude

Kaktus
siwo lekki

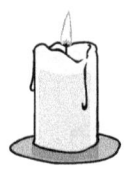
Kerze
sondel

Wohnzimmer - saal

Küche
waañ

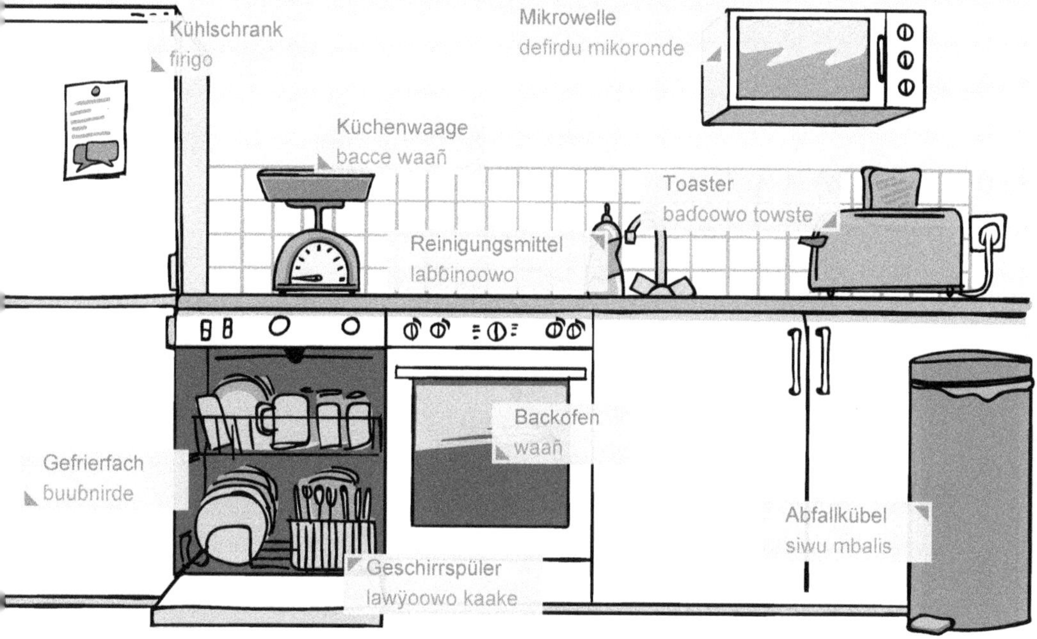

- Kühlschrank — firigo
- Mikrowelle — defirdu mikoronde
- Küchenwaage — bacce waañ
- Toaster — badoowo towste
- Reinigungsmittel — labbinoowo
- Gefrierfach — buubnirde
- Backofen — waañ
- Abfallkübel — siwu mbalis
- Geschirrspüler — lawyoowo kaake

Herd
defoowo

Topf
pot

Eisentopf
pot baddo njamdi

Wok / Kadai
lehel

Pfanne
lahal

Wasserkocher
baraade

Küche - waañ

Dampfgarer

gulnoowo

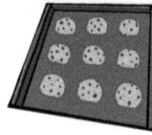

Backblech

fuur cumirɗo

Geschirr

wiisirde

Becher

kaas

Schale

taasa

Essstäbchen

bakett

Schöpflöffel

heɗirde

Pfannenwender

kuundal

Schneebesen

burgal

Kochsieb

gulnirɗo

Sieb

pool

Reibe

koosoowo

Mörser

wowru

Grill

njuɗu

Kaminfeuer

lewlewndu

Küche - waañ

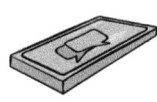

Schneidebrett
alluwal tayirgal

Nudelholz
dullirgal

Korkenzieher
tenaay

Dose
potyel

Dosenöffner
udditirɗo potyel

Topflappen
jaggoowo pot

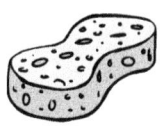

Waschbecken
lawÿirde

Bürste
borisde

Schwamm
epoos

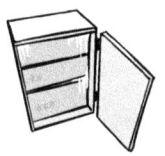

Mixer
jiiboowo

Gefriertruhe
firigo juutɗo

Babyflasche
bitel tiggu

Wasserhahn
robine

Küche - waañ

37

Badezimmer
lootorde

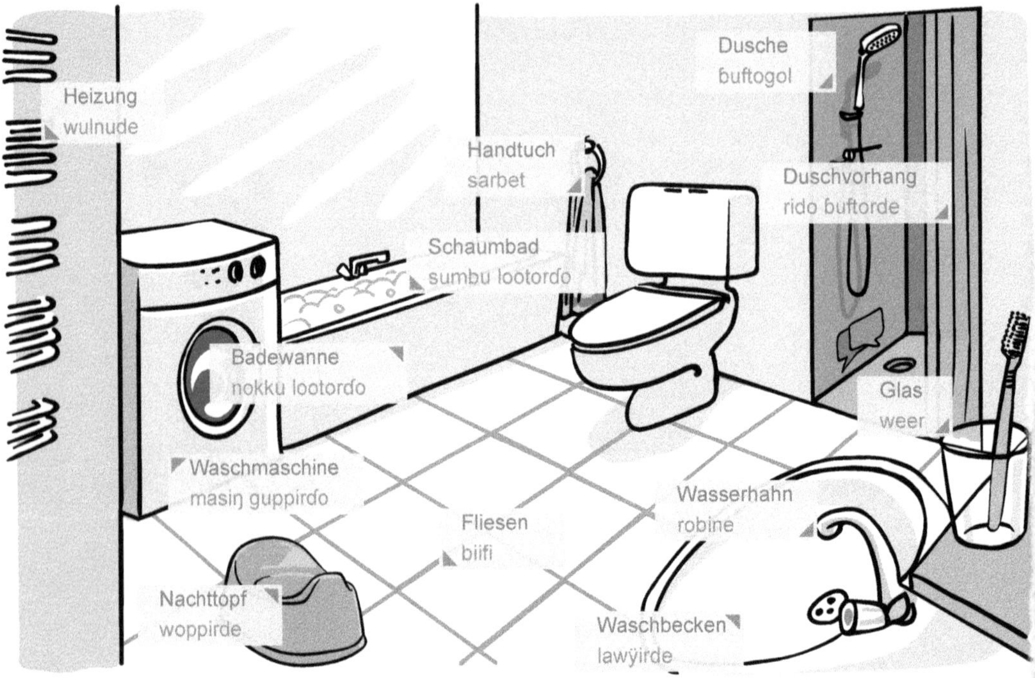

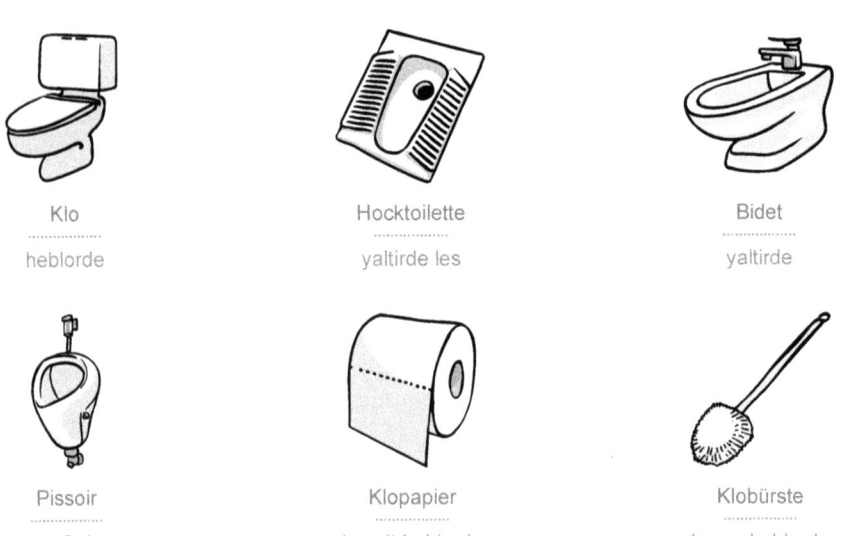

Klo	Hocktoilette	Bidet
heblorde	yaltirde les	yaltirde
Pissoir	Klopapier	Klobürste
soofirde	kaayit heblorde	boros heblorde

 Zahnbürste boros ñiiÿe	 Zahnpasta pat cocordo	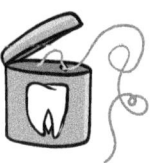 Zahnseide cocorgal
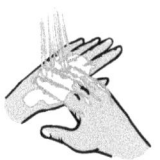 waschen lawyu	 Handbrause ɓuftorde jungo	 Intimdusche jampe
 Waschschüssel taasa	 Rückenbürste boros keeci	 Seife saabunde
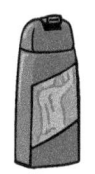 Duschgel nebam ɓuftorde	 Shampoo sampoye	 Waschlappen lootogel
 Abfluss yupude	 Creme mileen	 Deodorant lati

Badezimmer - lootorde

Spiegel
daarogal

Kosmetikspiegel
daarogal jungo

Rasierer
rasuwaar

Rasierschaum
sumbu pembordo

Rasierwasser
lallitirde

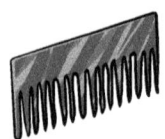

Kamm
koomu

Bürste
boros

Föhn
yoorno hoore

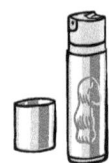

Haarspray
uurna hoore

Makeup
makiyaas

Lippenstift
lippo

Nagellack
emaaye segene

Watte
wiro

Nagelschere
sisooje segene

Parfum
parfooŋ

Kulturbeutel

saawdu lawyirdu

Hocker

kuudi

Waage

bacce betirde

Bademantel

wutte lootordo

Gummihandschuhe

kawaseeje dalli

Tampon

tampoon

Damenbinde

sarbet labbinoordo

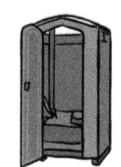

Chemietoilette

lootogol cellungol

Badezimmer - lootorde

Kinderzimmer
suudu suka

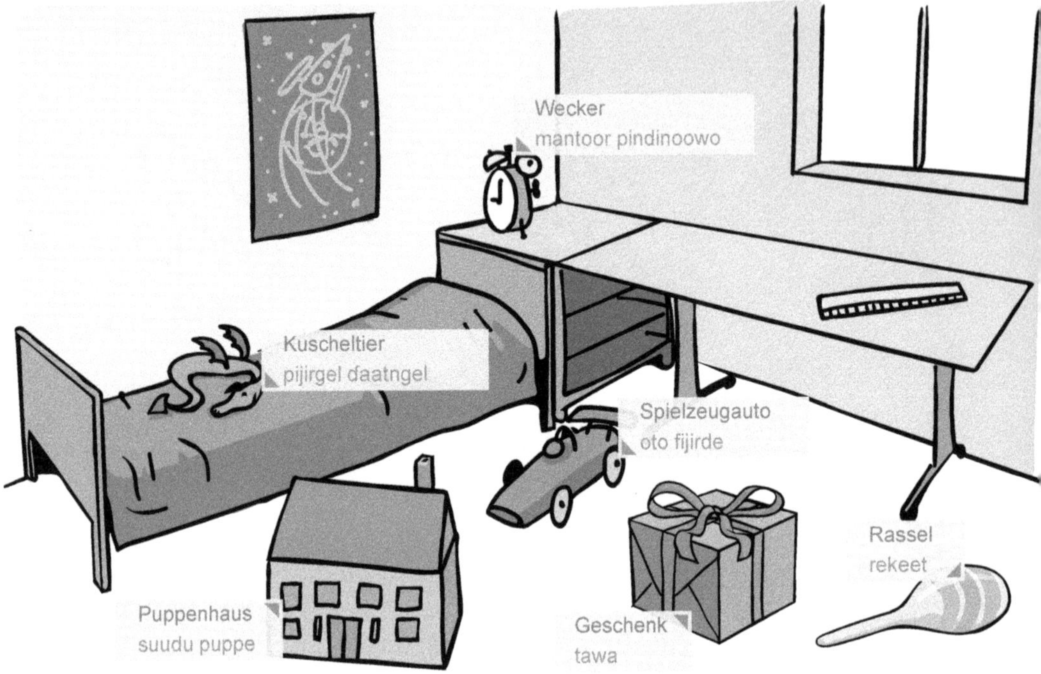

Wecker — mantoor pindinoowo

Kuscheltier — pijirgel daatngel

Spielzeugauto — oto fijirde

Rassel — rekeet

Puppenhaus — suudu puppe

Geschenk — tawa

Ballon
balooŋ

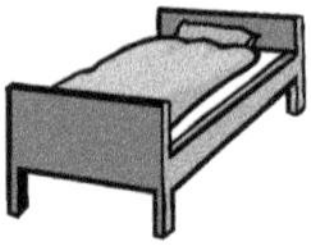

Bett
lelnde

Kinderwagen
puus puus

Kartenspiel
taabal karte

Puzzle
juwirgal

Comic
jalnii

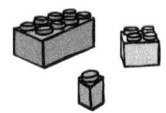

Legosteine
tuufeeje lego

Bausteine
kaaÿe maadi

Actionfigur
pijirgel suka

Strampelanzug
wutte suka

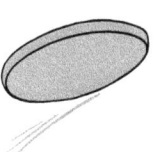

Frisbee
mbiifu

Mobile
noddirgel

Brettspiel
fijirde alluwal

Würfel
dee

Modelleisenbahn
tereŋ jahiroowo batiri

Schnuller
ɗaayɗo

Party
hiirde

Bilderbuch
deftere natte

Ball
bal

Puppe
puppe

spielen
fij

Kinderzimmer - suudu suka

Sandkasten
ngaska leydi

Schaukel
yirlude

Spielzeug
pijirɗe

Spielkonsole
fijirde widoo peley

Dreirad
biifi tati

Teddy
uluundu pijirgel

Kleiderschrank
woliis

Kleidung
boornogol

Socken
kawaseeje

Strümpfe
baardinirɗi

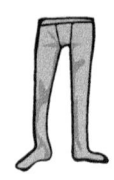
Strumpfhose
dogirɗi

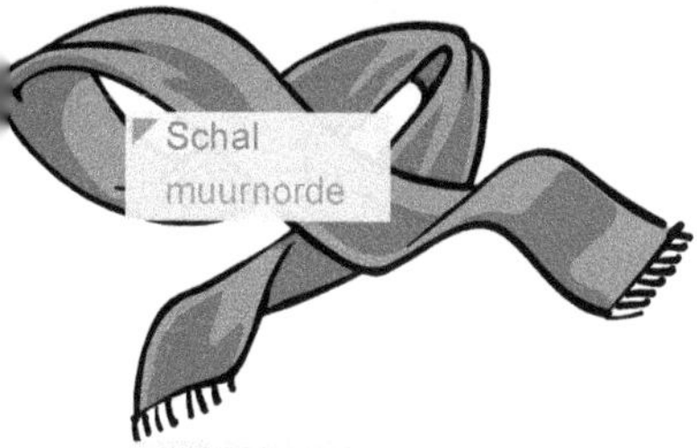

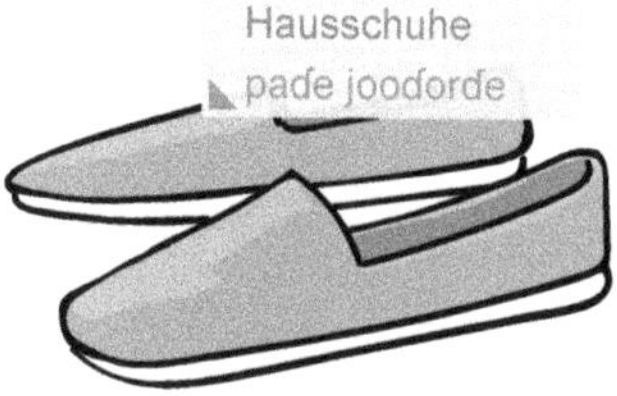

Schal — muurnorde

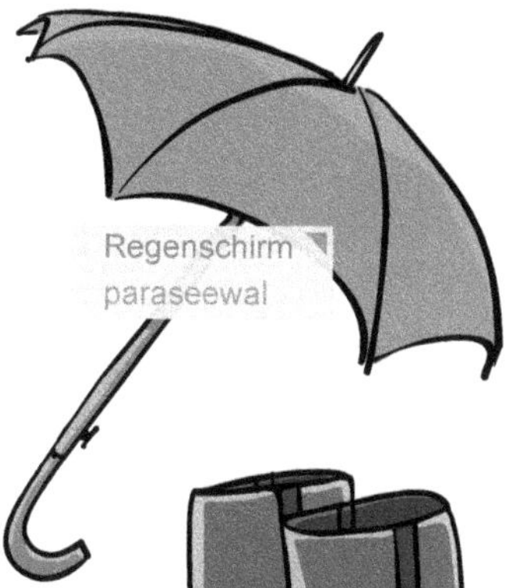

Regenschirm — paraseewal

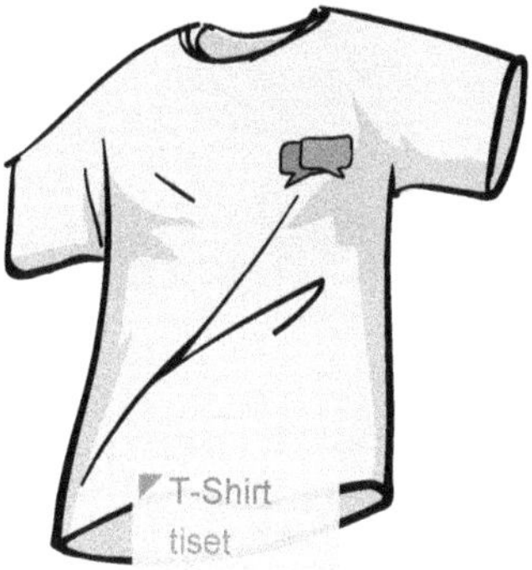

T-Shirt — tiset

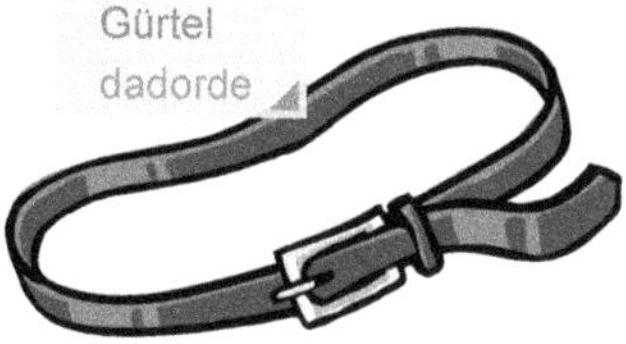

Gürtel — dadorde

Stiefel — bataaje

Hausschuhe — pade joodorde

Turnschuhe — dogirde

Sandalen
caraax

Schuhe
pade

Gummistiefel
bataaje dalli

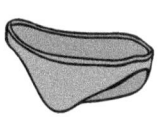

Unterhose
cakkirdi

Büstenhalter
site ŋoos

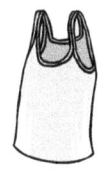

Unterhemd
weste

Kleidung - boornogol

Body	Hose	Jeans
bandu	tuuba	jiin

Rock	Bluse	Hemd
sippu	buluus	wuttel

Pullover	Kapuzenpullover	Blazer
piliweer	njallaaba	balaseer suka

Jacke	Mantel	Regenmantel
jakett	sabandoor	wutte tobo

Kostüm	Kleid	Hochzeitskleid
kossim	robbo	wutte cuddungu

Kleidung - boornogol

Anzug

cakkirɗo

Nachthemd

robbo baalduɗo

Pyjama

baaluɗi

Sari

sari

Kopftuch

fiilorde

Turban

kaala

Burka

misoor

Kaftan

haftan

Abaya

abaaye

Badeanzug

lumborɗo

Badehose

ledɗe

kurze Hose

kilooti

Jogginganzug

dewirɗi

Schürze

aparooŋ

Handschuhe

kawase

Kleidung - boornogol

Knopf
nebbu

Brille
lone

Armband
jawo

Halskette
cakka

Ring
feggere

Ohrring
hootonde

Mütze
laafa

Kleiderbügel
jaggirgal sabandoor

Hut
kufna

Krawatte
karwaat

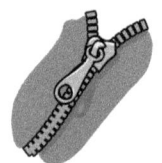

Reißverschluss
korsude

Helm
tengaade

Hosenträger
jawe

Schuluniform
wutte jaɲirɗo

Uniform
dadorɗo

Kleidung - boornogol

Lätzchen
nappu suka

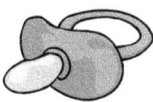
Schnuller
daaydo

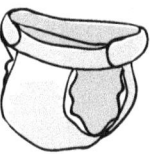
Windel
fooftini

Büro
gollorde

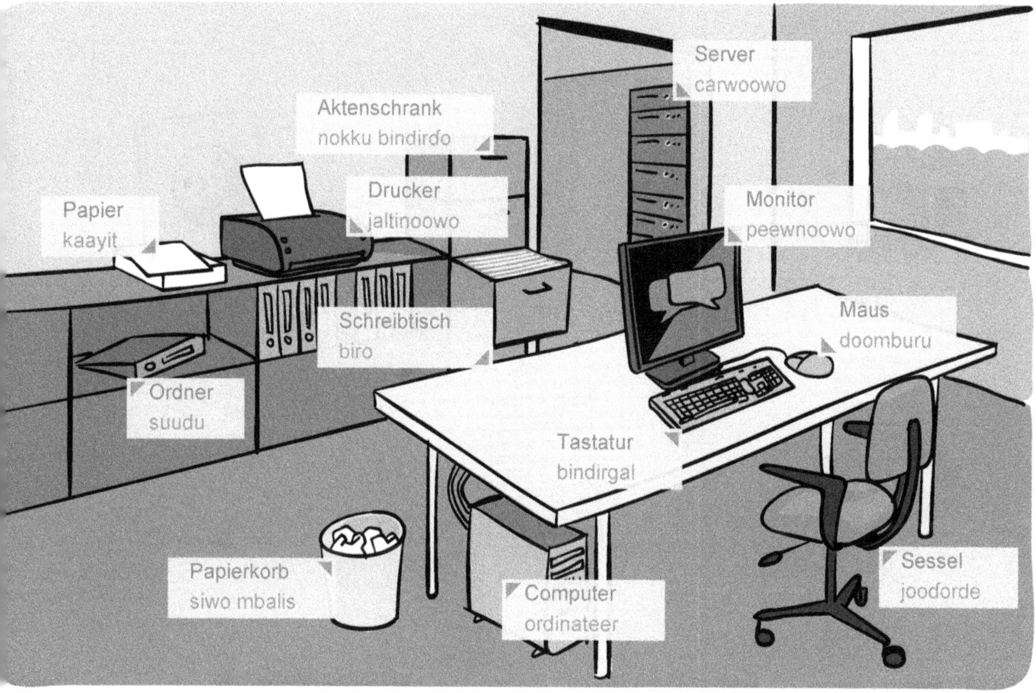

- Server — carwoowo
- Aktenschrank — nokku bindirdo
- Drucker — jaltinoowo
- Monitor — peewnoowo
- Papier — kaayit
- Maus — doomburu
- Schreibtisch — biro
- Ordner — suudu
- Tastatur — bindirgal
- Papierkorb — siwo mbalis
- Computer — ordinateer
- Sessel — joodorde

Kaffeebecher
koppu kafe

Taschenrechner
tongirde

Internet
enternet

Laptop
ordinateer

Brief
bataake kaayit

Nachricht
bataake

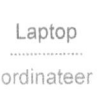
Handy
noddirgel

Netzwerk
jokkondiral

Kopierer
nandinoowo

Software
kuutorgel

Telefon
noddirgel

Steckdose
piriis

Fax
masiŋ faksii

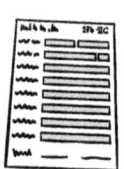
Formular
sifaa

Dokument
kaayit

Büro - gollorde

Wirtschaft
faggudu

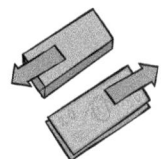

kaufen

sood

bezahlen

yob

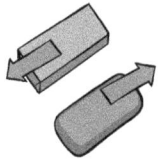

handeln

yeey

Geld

kaalis

Dollar

dolaar

Euro

oro

Yen

yeen

Rubel

ruubal

Franken

siiwis farayse

Renminbi Yuan

yuwaan renminbi

Rupie

ruppii

Bankomat

nokku ngalu

Wechselstube
nokku beccirɗo

Gold
kaŋe

Silber
kaalis

Öl
peteroŋ

Energie
doole

Preis
coggu

Vertrag
jokkondiral

Steuer
lempo

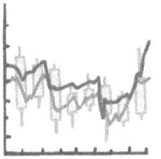
Aktie
jeyii

arbeiten
liggo

Angestellte
liggotooɗo

Arbeitgeber
ligginoowo

Fabrik
isin

Geschäft
yeeyirde

Wirtschaft - faggudu

Berufe
golle

Polizist
alkaati

Feuerwehrmann
kaboowo jeyngol

Koch
defoowo

Ärztin
cafroowo

Pilot
dognoo ndiwooka

Gärtner

mooftoowo

Tischler

meniise

Schneiderin

gawoowo debbo

Richter

ñaawoowo

Chemikerin

simiyanke

Schauspieler

aktoor

Busfahrer — diirnoowo biis

Taxifahrer — diirnoowo taksi

Fischer — gawoowo

Putzfrau — debbo pittoowo

Dachdecker — biloowo

Kellner — carwoowo

Jäger — baañoowo

Maler — diidoowo

Bäcker — piyoo mburu

Elektriker — peewnoo jeyngol

Bauarbeiter — mahoowo

Ingenieur — eseñoor

Schlachter — buusee

Installateur — polombiyee

Briefträgerin — neddo posto

Berufe - golle

Soldat
soldaat

Architekt
arsitekte

Kassiererin
ngaluyanke

Blumenhändlerin
leddeyanke

Friseur
mooroowo

Schaffner
diirnoowo

Mechaniker
peenoowo jamde

Kapitän
gardiido

Zahnärztin
safroowo ñiiye

Wissenschaftler
gando

Rabbi
babbiin

Imam
almaami

Mönch
muwaan

Pfarrer
neddo alla

Berufe - golle

Werkzeuge
kuutorɗe

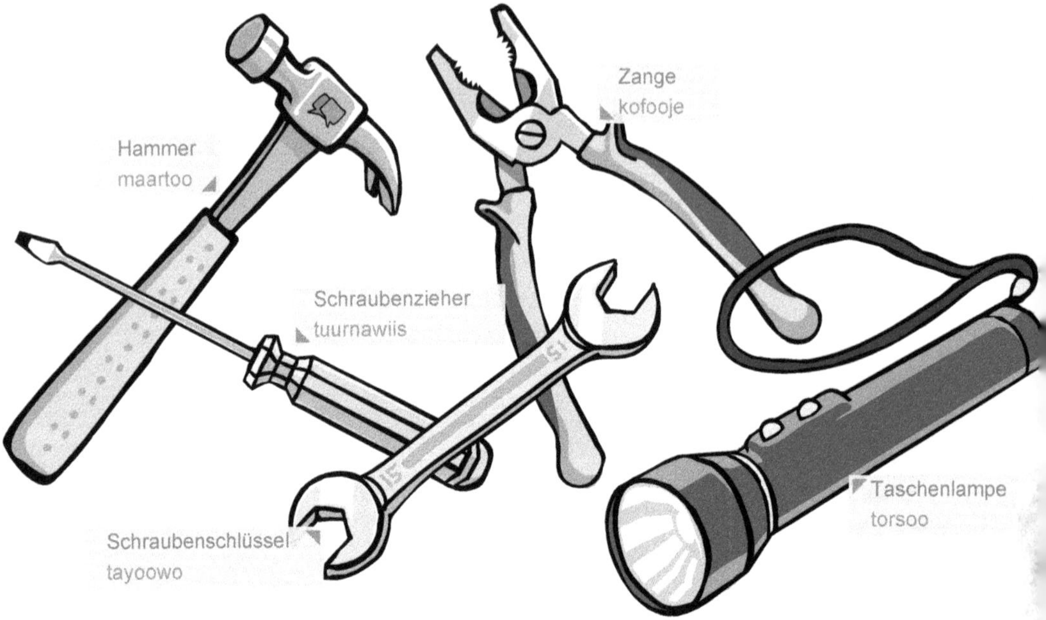

Hammer
maartoo

Zange
kofooje

Schraubenzieher
tuurnawiis

Schraubenschlüssel
tayoowo

Taschenlampe
torsoo

Bagger
ngasirdi

Werkzeugkasten
suudu kuutorɗe

Leiter
seel

Säge
siiy

Nägel
pontooje

Bohrer
yuwirde

Werkzeuge - kuutorɗe

reparieren	Schaufel	Scheiße!
feewnit	nokkirde	sooot

Kehrschaufel	Farbtopf	Schrauben
peel	pot diidirɗo	wiisuuji

Musikinstrumente
pijirɗe

- Lautsprecher — nikoro
- Schlagzeug — buuba
- Gitarre — gitaar
- Kontrabass — dubal baas
- Trompete — allaadu

Musikinstrumente - pijirɗe

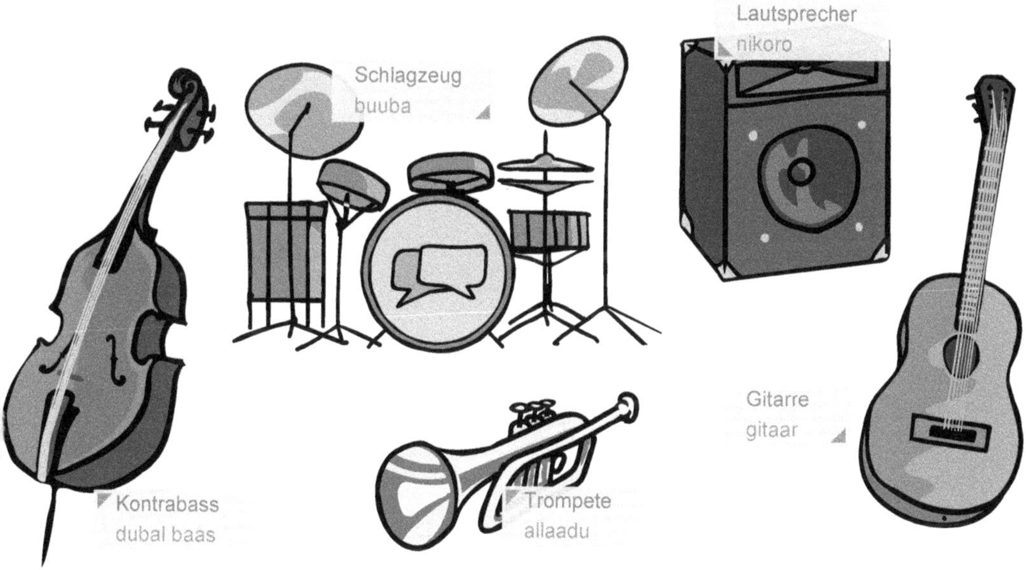

Klavier

piyaano

Violine

ñaañooru

Bass

baas

Pauke

timpaan

Trommeln

bawɗi

Tastatur

bindirgal

Saxophon

saksofooŋ

Flöte

coolumbel

Mikrofon

haaldude

Musikinstrumente - pijirɗe

Zoo
nehirde kulle

- Eingang / naatirde
- Tiger / cewngu
- Käfig / sabbunde
- Zebra / mbabba ladde
- Tierfutter / ñamri kulle
- Panda / pandaa

Tiere
kulle

Elefant
ñiiwa

Känguru
kanguruu

Nashorn
liwoongu

Gorilla
waandu

Bär
fowru

Kamel
ngelooba

Strauß
jaawagal

Löwe
mbaroodi

Affe
golo

Flamingo
ñaarpural

Papagei
seku

Eisbär
fowru nees

Pinguin
peŋwee

Hai
reke

Pfau
ngoriyal

Schlange
mboddi

Krokodil
nooro

Zoowärter
deenoowo kulle

Robbe
liingu

Jaguar
cewngu

Zoo - nehirde kulle

Pony
molel puccu

Leopard
cewlu

Nilpferd
ngabu

Giraffe
ñamala

Adler
ciilal

Wildschwein
fowru

Fisch
liingu

Schildkröte
heende

Walross
morsee

Fuchs
daga

Gazelle
lella

Zoo - nehirde kulle

Sport
cofte balli

Aktivitäten
golle

springen — diw
lachen — jal
umarmen — uurno
gehen — yah
singen — yim
träumen — hoydu
beten — juul
küssen — buuco

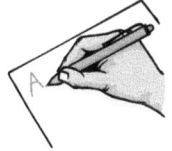

schreiben
windu

zeichnen
diid

zeigen
hollu

drücken
duñ

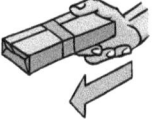

geben
rokku

nehmen
naw

Aktivitäten - golle

haben
jogo

machen
wad́

sein
won

stehen
daro

laufen
dog

ziehen
ittu

werfen
weddo

fallen
yan

liegen
fen

warten
fad

tragen
naw

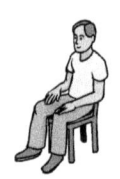

sitzen
joodo

anziehen
boorno

schlafen
d́aano

aufwachen
finn

Aktivitäten - golle

ansehen

ndaar

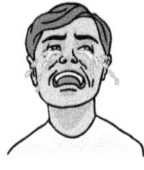

weinen

woy

streicheln

fiiy

frisieren

koomu

reden

haal

verstehen

faam

fragen

naamdo

hören

hetto

trinken

yar

essen

ñaam

zusammenräumen

habbu

lieben

yiđ

kochen

def

fahren

diirnu

fliegen

diw

Aktivitäten - golle

segeln
awyu

rechnen
lim

lesen
jangu

lernen
jangu

arbeiten
liggo

heiraten
res

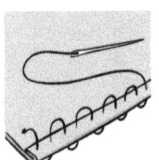
nähen
aaw

Zähne putzen
boris ñiiÿe

töten
war

rauchen
simmo

senden
neldu

Aktivitäten - golle

Familie
besngu

Großmutter
niraaɗo debbo

Großvater
taaniraaɗo gorko

Vater
baaba

Mutter
yumma

Baby
tiggu

Tochter
biɗɗo debbo

Sohn
biɗɗo gorko

Gast
koɗo

Tante
gogo

Onkel
kaawiraaɗo

Bruder
mawniraaɗo gorko

Schwester
mawniraaɗo debbo

Körper
bandu

- Stirn — tiinde
- Auge — yitere
- Gesicht — yeeso
- Kinn — waare
- Brust — endu
- Schulter — walabo
- Finger — fedeendu
- Hand — jungo
- Arm — jungo
- Bein — korlal

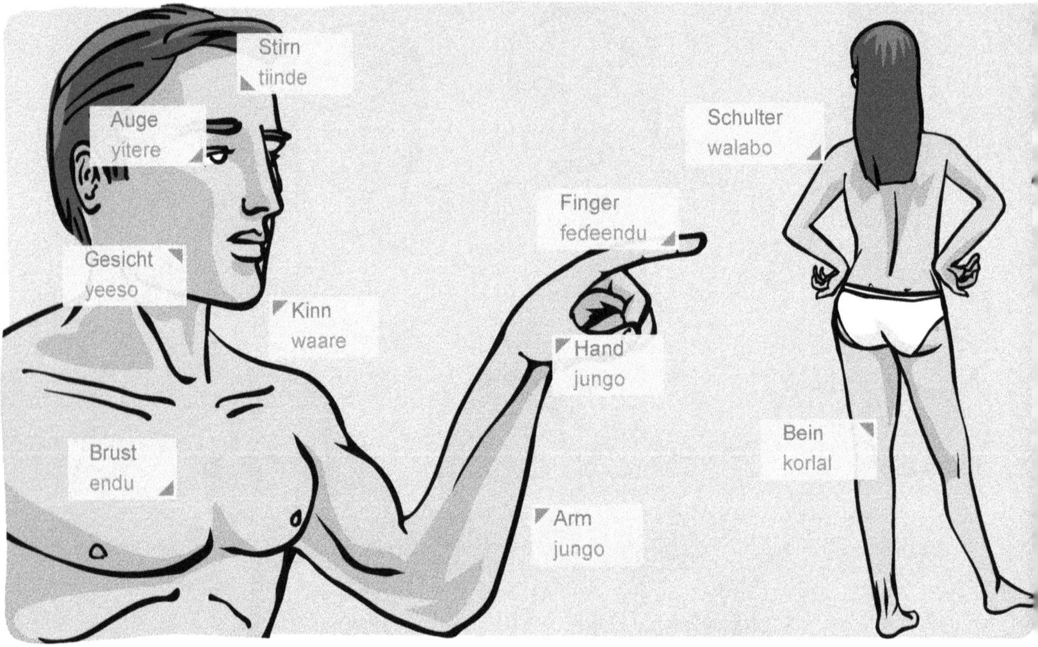

Baby — tiggu

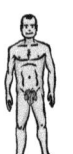

Mann — gorko

Frau — debbo

Mädchen — debbo

Junge — gorko

Kopf — hoore

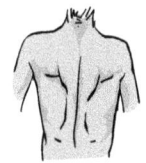

Rücken
keeci

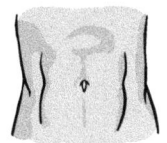

Bauch
reedu

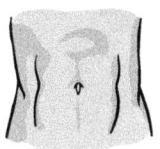

Nabel
wudduru

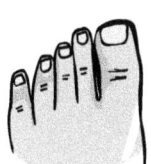

Zeh
feɗeendu

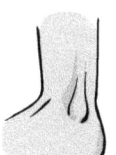

Ferse
njaabordi

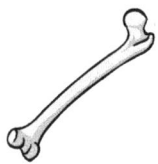

Knochen
ÿiyal

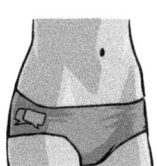

Hüfte
buhal

Knie
hofru

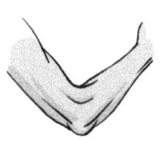

Ellbogen
fooɲturu

Nase
hinere

Gesäß
gaɗa

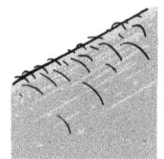

Haut
nguru

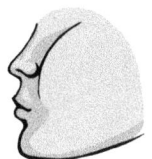

Wange
aɓɓuko

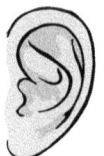

Ohr
nofru

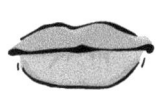

Lippe
tondu

Körper - ɓandu

	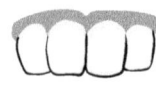	
Mund hunuko	Zahn ñiire	Zunge ɗemngal
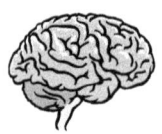	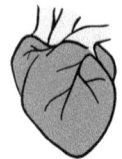	
Gehirn ngaandi	Herz bernde	Muskel ÿiye
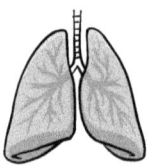		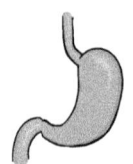
Lunge jofe	Leber heeñere	Magen kuuse
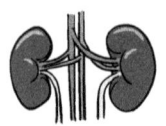		
Nieren booÿe	Geschlechtsverkehr leldaade	Kondom kawasal
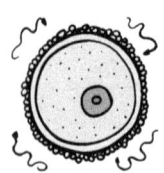		
Eizelle boccoonde	Sperma maniiyu	Schwangerschaft cowagol

Körper - bandu

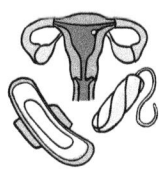
Menstruation
ella

Vagina
kottu

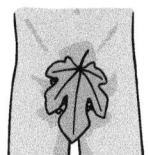
Penis
soolde

Augenbraue
leebol yitere

Haar
sukundu

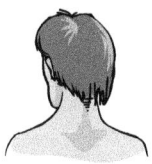
Hals
daande

Spital
safrirdu

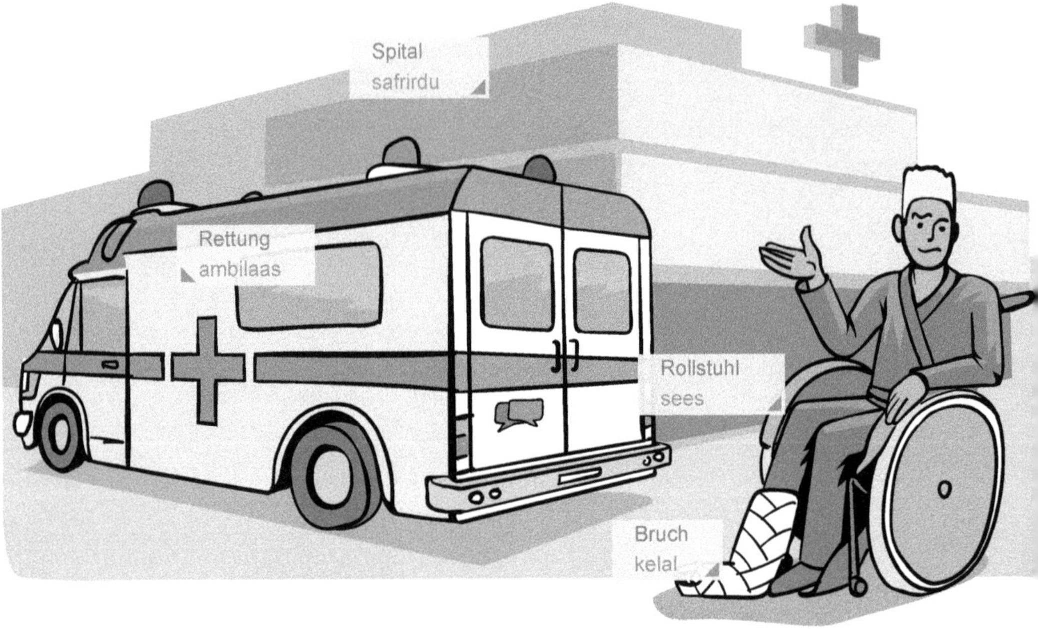

Spital / safrirdu
Rettung / ambilaas
Rollstuhl / sees
Bruch / kelal

Ärztin
cafroowo

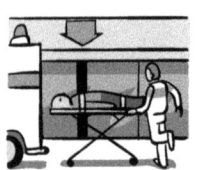

Notaufnahme
suudu heñaare

Krankenschwester
debbo cafroowo

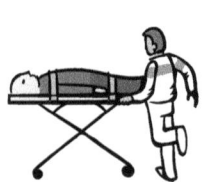

Notfall
heñorde

ohnmächtig
wondaane hakkile

Schmerz
muuseeki

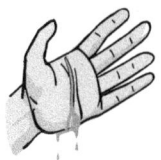
Verletzung
gaañande

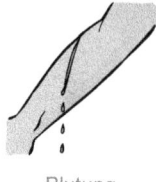
Blutung
tudde yiiyam

Herzinfarkt
muuseeki ɓernde

Schlaganfall
piigol

Allergie
nefo

Husten
dojjude

Fieber
bandu wulooru

Grippe
pali

Durchfall
ndogu reedu

Kopfschmerzen
hoore muusoore

Krebs
kaaseer

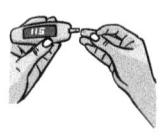
Diabetes
jabett

Chirurg
oppiroowo

Skalpell
jaggirdi

Operation
oppeere

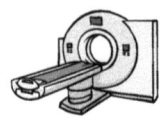
CT
CT

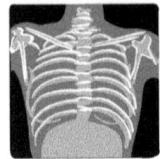
Röntgen
buuɗi x

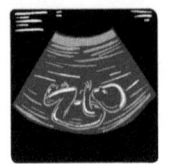
Ultraschall
iltarasooŋ

Maske
huurirdu yeeso

Krankheit
rafi

Wartezimmer
heblorde

Krücke
beeke

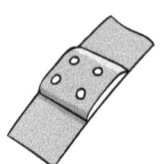
Pflaster
tabak

Verband
bandaas

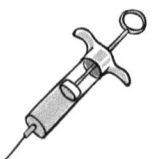
Injektion
pinggu

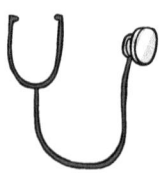
Stethoskop
estetoskop

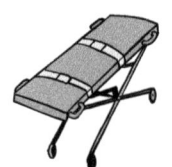
Trage
pooɗoowo

Thermometer
termomeeter safrirdu

Geburt
jibinande

Übergewicht
ɓuttidgol

Spital - safrirdu

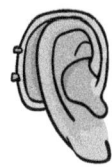
Hörgerät
ɓallal nanirɗe

Desinfektionsmittel
laɓɓinoowo

Infektion
raabo

Virus
wiriis

HIV / AIDS
SIDAA

Medizin
lekki

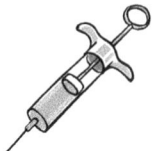
Impfung
ñakko

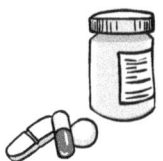
Tabletten
poɗɗe

Pille
foɗɗere

Notruf
noddaango heñiingo

Blutdruckmesser
ÿeewtorde yaadu ÿiiyam

krank / gesund
faawŋi / selli

Spital - safrirdu

Notfall
heñorde

Hilfe!
Ballal

Alarm
pindinoowo

Überfall
njangu

Angriff
raaŋande

Gefahr
boomre

Notausgang
yaltirde yaawnde

Feuer!
Jeyngol

Feuerlöscher
ñifoowo jeyngol

Unfall
aksida

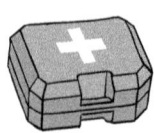

Erste-Hilfe-Koffer
saawdu safaara gadano

SOS
SOS

Polizei
poliis

Erde
Leydi

Europa
Orop

Nordamerika
Amarik Rewo

Südamerika
Amarik Worgo

Afrika
Afirik

Asien
Aasi

Australien
Ostaraali

Atlantik
Atalantik

Pazifik
Pasifik

Indische Ozean
Maayo Endo

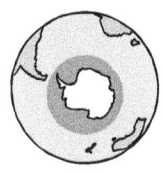

Antarktische Ozean
Maayo Antarkatik

Arktische Ozean
Maayo Arkatik

Nordpol
Baŋe Rewo

Südpol
Baŋe Worgo

Antarktis
Antarkatik

Erde
Leydi

Land
leydi

Meer
maayo

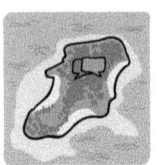

Insel
siire

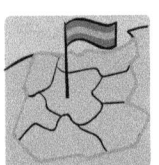

Nation
wuro

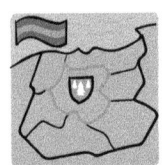

Staat
laamu

Uhr
waktu

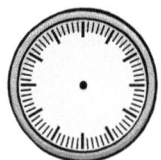

Ziffernblatt
yeeso waktu

Stundenzeiger
jungo waktu

Minutenzeiger
jungo hojoma

Sekundenzeiger
jungo majaango

Wie spät ist es?
hol waktu?

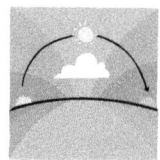

Tag
ñalawma

Zeit
saha

jetzt
jooni

Digitaluhr
mantoor nattoowo

Minute
hojoma

Stunde
waktu

Woche
yontere

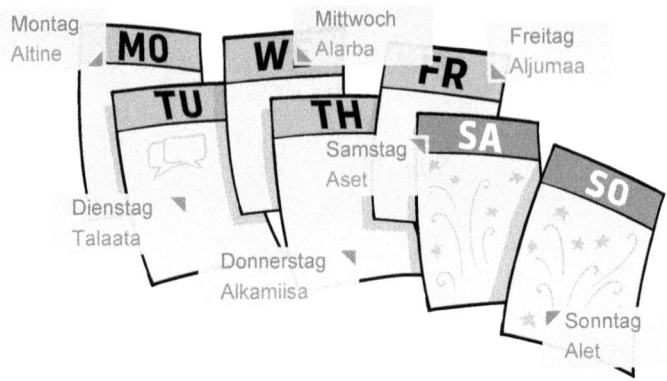

Montag / Altine
Dienstag / Talaata
Mittwoch / Alarba
Donnerstag / Alkamiisa
Freitag / Aljumaa
Samstag / Aset
Sonntag / Alet

gestern
hanki

heute
hande

morgen
jango

Morgen
subaka

Mittag
ñalawma

Abend
kikiiđe

Arbeitstage
biir

Wochenende
ñaldi

Jahr
hitaande

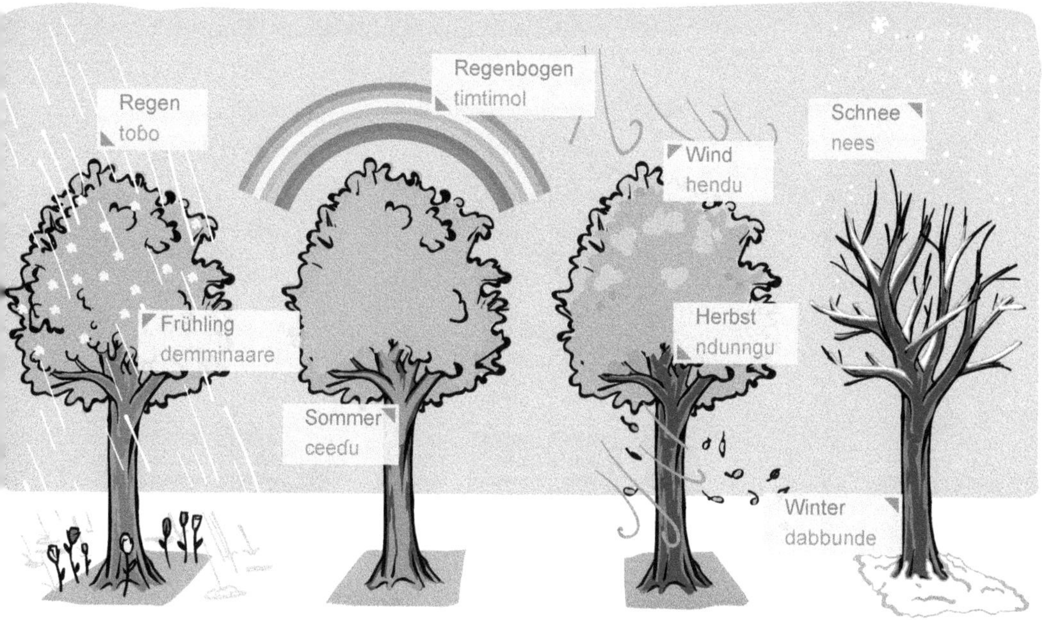

Regen tobo
Regenbogen timtimol
Wind hendu
Schnee nees
Frühling demminaare
Sommer ceedu
Herbst ndunngu
Winter dabbunde

Wettervorhersage
kabaaru weeyo

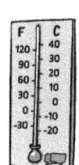

Thermometer
termomeeter

Sonnenschein
naaŋini

Wolke
ruulde

Nebel
cuurki

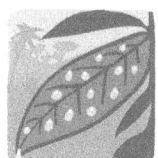

Luftfeuchtigkeit
uddeende

Blitz
majje

Donner
gidaango

Sturm
hendu

Hagel
huɗɗni

Monsun
ruulɗini

Flut
waame

Eis
nees

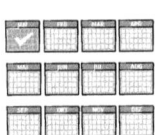

Jänner
Siilo

Februar
Colte

März
Mbooy

April
Seeɗto

Mai
Duuyal

Juni
Korse

Juli
Morse

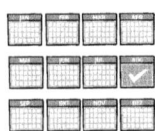

August
Juko

Jahr - hitaande

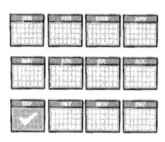
September
Siilto

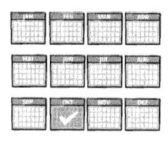
Oktober
Yarkoma

November
Jolal

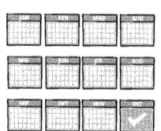
Dezember
Bowte

Formen
balli

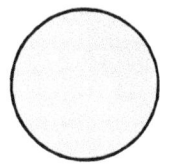
Kreis
taarto

Quadrat
yaajeendi

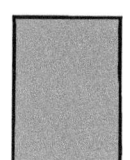
Rechteck
yaajo

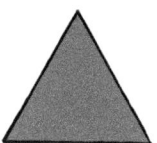
Dreieck
saraandi

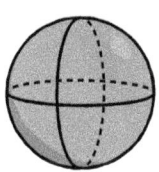
Kugel
mbiifu

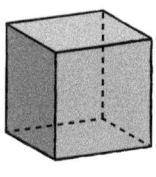
Würfel
kiibb

Farben
sifaaji

weiß
daneejo

gelb
oolo

orange
oraas

pink
roos

rot
bodeejo

lila
mboongu

blau
bulaajo

grün
werte

braun
cooyo

grau
puro

schwarz
baleejo

Gegenteile
ceeri

viel / wenig
heewi / seeda

wütend / friedlich
seki / deeyi

hübsch / hässlich
yoodi / soofi

Anfang / Ende
fuudorde / gasirde

groß / klein
mawdo / tokooso

hell / dunkel
leeri / nibbidi

Bruder / Schwester
maniraado / miñiraado

sauber / schmutzig
laabi / tunwi

vollständig / unvollständig
timmi / manki

Tag / Nacht
ñalawma / jamma

tot / lebendig
maayi / wuuri

breit / schmal
yaaji / faadi

genießbar / ungenießbar
nano / nanotaako

böse / freundlich
boni / moÿÿi

aufgeregt / gelangweilt
softi / yoomi

dick / dünn
ɓuttiɗi / sewi

zuerst / zuletzt
adi / wattindi

Freund / Feind
sehil / gaño

voll / leer
heewi / ɓolɗi

hart / weich
muusi / weeɓi

schwer / leicht
teddi / hoyi

Hunger / Durst
heege / ɗomka

krank / gesund
faawŋi / selli

illegal / legal
wona laawol / laawol

gescheit / dumm
feerti / muddiɗi

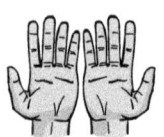
links / rechts
nano / ñaamo

nah / fern
batti / woɗɗi

Gegenteile - ceeri

neu / gebraucht
keso / kiiɗɗo

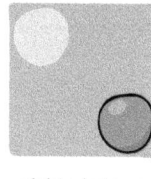

nichts / etwas
ndiga / huunde

alt / jung
nayeejo / suka

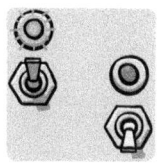

an / aus
hubbi / ñifii

offen / geschlossen
uditi / uddii

leise / laut
deeÿi / dille

reich / arm
aldi / waasi

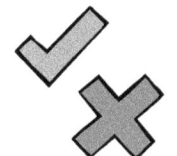

richtig / falsch
goonga / fenaande

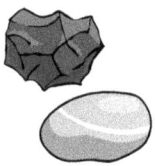

rau / glatt
tiiɗi / nooyi

traurig / glücklich
metti / weli

kurz / lang
rabbidi / juuti

langsam / schnell
leeli / yaawi

nass / trocken
leppi / yoori

warm / kühl
wuli / buubi

Krieg / Frieden
hare / jam

Gegenteile - ceeri

Zahlen
pinɗe

0 null — ndiga

1 eins — gooto

2 zwei — ɗiɗi

3 drei — tati

4 vier — nay

5 fünf — joy

6 sechs — jeegom

7 sieben — jeeɗiɗi

8 acht — jeetati

9 neun — jeenay

10 zehn — sappo

11 elf — sappoy goo

12 zwölf
sappoy didi

13 dreizehn
sappoy tati

14 vierzehn
sappoy nay

15 fünfzehn
sappoy joy

16 sechzehn
sappoy jeegom

17 siebzehn
sappoy jeedidi

18 achtzehn
sappoy jeetati

19 neunzehn
sappoy jeenay

20 zwanzig
noogaas

100 hundert
teemedere

1.000 tausend
ujunere

1.000.000 Million
miliyooŋ

Zahlen - pinde

Sprachen
ɗemɗe

Englisch
Aŋale

Amerikanisches Englisch
Aŋale Amarik

Chinesisch (Mandarin)
Mandare Siinaabe

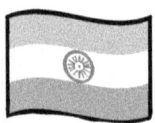
Hindi
Hindi

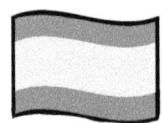
Spanisch
Españool

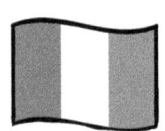
Französisch
Farayse

Arabisch
Arab

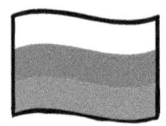
Russisch
Riis

Portugiesisch
Portigees

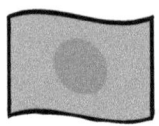
Bengalisch
Bengali

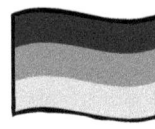
Deutsch
Almaa

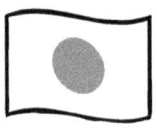
Japanisch
Sapponee

wer / was / wie
holoon / holduum / holnoon

ich
miin

du
an

er / sie / es
kanko / kanko / kanum

wir
minen

ihr
onon

sie
kambe

Wer?
holoon?

Was?
holduum?

Wie?
holnoon?

Wo?
holtoon?

Wann?
mande?

Name
inde

wo
holtoon

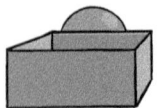
hinter
caggal

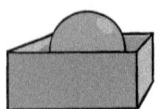
in
nder

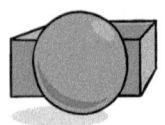
vor
sawndo

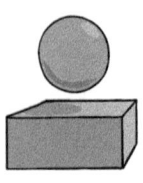
über
dow

auf
e

unter
les

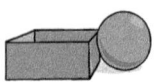
neben
sara

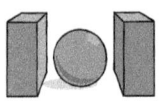
zwischen
hakkunde

Ort
nokku

Lightning Source UK Ltd.
Milton Keynes UK
UKHW010905061120
372919UK00009B/245